Zygmunt Bauman · Wieder allein

Reihe KANTEN

Zygmunt Bauman

Wieder allein

Ethik am Ende der Gewissheit

Edition Konturen
Wien · Hamburg

Titel der englischen Originalausgabe: Alone Again. Ethics After Certainty
© 1994 by Demos Copyright Department, Elizabeth House, 39 York Road, London SE1 7NQ, United Kingdom, copyright@demos.co.uk, www.demos.co.uk
Übersetzt und veröffentlicht mit freundlicher Genehmigung von Demos

Wir legen Wert auf Diversität und Gleichbehandlung. Im Sinne einer besseren Lesbarkeit der Texte werden manche Begriffe in der maskulinen oder femininen Schreibweise verwendet. Grundsätzlich beziehen sich diese Begriffe auf beide Geschlechter.

Bibliografische Information der Deutschen Bibliothek
Die Deutsche Bibliothek verzeichnet diese Publikation in der Deutschen Nationalbibliografie, detaillierte bibliografische Daten sind im Internet über http://dnb.ddb.de abrufbar

Übersetzt von Georg Hauptfeld
ISBN 978-3-902968-45-6
Druck: Donau Forum, 1230 Wien
Printed in Austria

Inhalt

Einführung

„Wir können, was wir wollen, und es fragt sich nur noch, was wir wollen; am Ende unseres Fortschritts stehen wir da, wo Adam und Eva gestanden haben; es bleibt uns nur noch die sittliche Frage." Max Frisch, Tagebücher

Der große dänische Theologe und Moralphilosoph Knud Logstrup meinte: „Es ist eine Eigenschaft des menschlichen Lebens, dass wir uns gegenseitig vertrauen. ... Nur wegen irgendeines besonderen Umstandes misstrauen wir einem Fremden im Voraus. ... Zuerst glauben wir dem Wort des anderen; zuerst vertrauen wir einander."

Nicht so ein anderer religiöser Philosoph, Leo Schestow, ein russischer Flüchtling und Professor an der Sorbonne: „Der *Homo homini lupus* ist eine der unverbrüchlichen Maximen der ewigen Moral. In jedem unserer Nachbarn fürchten wir einen Wolf. ... Wir sind so arm, so schwach, so leicht zugrunde gerichtet und zerstört! Wir haben kein Mittel gegen die Angst! ... Wir sehen Gefahr, nur Gefahr ..."

Logstrup und Schestow können nicht beide Recht haben. Oder doch? Es ist wahr, sie widersprechen einander, aber bekommen wir nicht alle widersprüchliche Signale aus der Erfahrung unseres eigenen Lebens? Manchmal vertrauen wir, manchmal fürchten wir uns. Meistens sind wir nicht sicher, ob wir vertrauen und das Visier öffnen oder Gefahr wittern und auf der Hut sein sollen – und dann sind wir verwirrt und unsicher, was wir tun sollen.

Wovon hat es in unserem Leben mehr gegeben, Vertrauen oder Angst? Die Antwort scheint von der Art des Lebens abzuhängen, das wir gelebt haben.

Logstrup lebte und starb im ruhigen, heiteren und friedlichen Kopenhagen, wo die Mitglieder des Königshauses gemeinsam mit ihren Untertanen auf den Straßen radelten. Wenn sie ihre Fahrt beendet hatten, konnten sie ihre Fahrräder auf dem Bürgersteig stehen lassen, in dem Wissen, dass es keine Diebe gab und sie noch da sein würden, wenn man sie wieder benötigte.

Schestow wurde verfolgt, das Zarenregime verweigerte ihm die Arbeit an der Universität, weil er im falschen Glauben geboren wurde, dann verfolgte ihn die antizaristische Revolution und schickte ihn ins Exil, weil er sich zum falschen Glauben bekannte, und er musste das Exil in einem fremden Land ertragen.

Die beiden Weisen sprachen aus sehr unterschiedlichen Erfahrungen. Ihre Verallgemeinerungen widersprachen sich gegenseitig, genauso wie ihre Schicksale, aus denen sie verallgemeinerten.

Und das scheint für uns alle zu gelten. Wir verallgemeinern aus dem, was wir erleben. Wann immer wir sagen: „Menschen sind, was sie sind", meinen wir die Menschen, denen wir begegnen; Menschen, die von der Welt, die wir zufällig gemeinsam bewohnen, geformt und bewegt und geleitet werden. Und wenn wir einmal sagen, dass man Menschen vertrauen kann, und ein andermal, dass sie Wölfe sind, die man fürchten muss, und wenn beide Aussagen wahr oder zumindest teilweise wahr klingen – dann scheint es, dass das, was Menschen sind oder zu sein scheinen, ganz oder teilweise von der Art der Welt abhängt, in der wir leben.

Außerdem, wenn was wir über einander denken das widerspiegelt, was wir sind, dann trifft auch zu, dass das, was wir sind, selbst ein Spiegelbild dessen ist, was wir zu sein glauben. Das Bild, das wir voneinander und von uns allen gemeinsam haben, hat die unheimliche Fähigkeit, sich selbst zu bestätigen. Menschen, die wie Wölfe behandelt werden, neigen dazu, wie Wölfe zu werden; Menschen, die mit denen vertrauensvoll umgegangen wird, neigen dazu, vertrauenswürdig zu werden: Es kommt darauf an, was wir voneinander halten.

Wir werden nie sicher wissen, ob „Menschen als solche" gut oder böse sind (obwohl wir vielleicht immer wieder darüber streiten werden). Aber es kommt darauf an, ob wir glauben, dass sie „grundsätzlich" gut oder böse, *moralisch* oder *unmoralisch* sind, und folglich, wie wir sie behandeln. Noch wichtiger ist, dass den Menschen die *Fähigkeit zugetraut wird, moralische Urteile zu fällen,* und dass sie folglich als *moralische Subjekte* betrachtet werden – also Personen, die in der Lage sind, *moralische Verantwortung* für ihre Taten zu tragen, nicht nur rechtliche.

Der Aufstieg der Vernunft: Bürokratie und Geschäft

1651, zu Beginn dessen, was später die Neuzeit genannt wurde, fällte Thomas Hobbes jenes Urteil, das das Denken und Handeln der modernen Gesetzgeber, Pädagogen und Moralprediger leiten sollte:

„Wiederum haben die Menschen kein Vergnügen (sondern im Gegenteil großen Verdruß) im gesellschaftlichen Leben, wo es keine Macht gibt, die sie alle in Schrecken halten kann. Denn jedermann achtet darauf, daß ihn sein Mitmensch ebenso schätzt wie er sich selbst, und bemüht sich naturgemäß bei allen Zeichen von Verachtung und Unterschätzung, soweit er es wagt (was bei Menschen, die keine öffentliche Macht haben, um sie in Frieden zu halten, weit genug geht, um zu veranlassen, daß sie einander vernichten), seinen Verächtern durch Schädigung und anderen durch das Exempel größere Wertschätzung abzugewinnen [...] Hierdurch ist offenbar, daß sich die Menschen, solange sie ohne eine öffentliche Macht sind, die sie alle in Schrecken hält, in jenem Zustand befinden, den man Krieg nennt, und zwar im Krieg eines jeden gegen jeden." Thomas Hobbes, Leviathan

Die Botschaft ist einfach: Wenn du willst, dass die Menschen moralisch sind, musst du sie dazu zwingen. Nur unter Androhung von Schmerzen werden die Menschen aufhören, sich gegenseitig zu quälen. Damit sie sich nicht gegenseitig fürchten, müssen die Menschen eine Macht fürchten, die ihnen allen überlegen ist.

Daraus folgte eine weitere Lehre: Man kann sich nicht auf die Impulse, Neigungen und Veranlagungen der Menschen verlassen. Ihre Leidenschaften (das heißt, alle Leidenschaften mit Ausnahme der Leidenschaft für ein besseres Leben, der einen Leidenschaft, die der Logik und Vernunft zugänglich ist) müssen stattdessen ausgerottet oder erstickt werden. Anstatt ihren *Gefühlen* zu folgen, sollten die Menschen belehrt und wenn nötig gezwungen werden, zu *kalkulieren*. In einer moralischen Welt sollte man nur die Stimme der Vernunft hören. Und eine Welt, in der nur die Stimme der Vernunft gehört wird, ist eine moralische Welt.

So entstand die große Kluft, die zum Markenzeichen des modernen Lebens werden sollte, die Kluft zwischen Vernunft und Emotion – die als Substanz und Grundlage aller Entscheidungen über Leben und Tod gilt: zwischen Ordnung und Chaos, zivilisiertem Leben und dem Krieg aller gegen alle. Vor allem trennte die Kluft das Regelmäßige, Vorhersehbare und Kontrollierbare vom Zufälligen, Erratischen, Unberechenbaren und Unkontrollierbaren. Tatsächlich gibt es für jedes Problem *per definitionem* nur eine einzige, wahre, vernunftbestimmte Lösung, aber eine schier unendliche Vielfalt von falschen. Wo die Vernunft nicht regiert, kann „alles passieren", und dann ist die ganze Situation hoffnungslos außer Kontrolle.

Die moralische Welt kann daher nur eine *normale, geordnete* Welt sein (eine „geordnete" Welt ist eine Welt, in der die Wahrscheinlichkeiten von Ereignissen nicht zufällig sind; einige Ereignisse sind wesentlich wahrscheinlicher als andere, einige haben praktisch keine

Wahrscheinlichkeit). Moralische Menschen lassen sich nicht durch sprunghafte Impulse erschüttern. Sie können nur durch Gesetze, Regeln und Normen geleitet werden, die klar bestimmen, was in einer bestimmten Situation zu tun ist und wovon man absehen sollte. Die Moral muss wie das übrige gesellschaftliche Leben auf dem *Gesetz* beruhen, und hinter der Moral muss eine *ethische Norm* stehen, die aus Vorschriften und Verboten besteht. Menschen zu lehren oder zu zwingen, moralisch zu sein, bedeutet, sie dazu zu bringen, dieser ethischen Norm zu gehorchen. Moralisch werden heißt daher, zu lernen, sich die *Regeln* einzuprägen und zu befolgen.

Die Moderne hat zwei große Institutionen hervorgebracht, um dieses Ziel zu erreichen und die Vorherrschaft der Moral durch die Einhaltung von Regeln zu gewährleisten. Die eine ist die Bürokratie, die andere das Geschäft. Die beiden Institutionen unterscheiden sich in vielerlei Hinsicht voneinander und geraten sich oft in die Haare, aber in einem ganz entscheidenden Punkt sind sie sich einig: Sie sind beide darauf bedacht, Emotionen zu beseitigen oder sie zumindest auszuschalten. Beide sind gefühlsfeindlich und werden seit ihren Anfängen als Inkarnationen der Rationalität und Instrumente der Rationalisierung gefeiert. Jede strebt dabei dieselbe Wirkung auf ihre Weise an.

Die Bürokratie wurde von ihren Theoretikern – angefangen beim großen deutschen Soziologen Max Weber – als die typisch moderne (und fortschrittliche) Art beschrieben,

Dinge zu tun. Wenn eine komplexe Aufgabe das Zusammenwirken von Fähigkeiten und Arbeit vieler Menschen erfordert, die jeweils nur einen Teil der Aufgabe erfüllen und gar nicht unbedingt wissen, woraus die gesamte Aufgabe besteht, müssen alle Anstrengungen verzahnt und koordiniert werden, damit das Gesamtziel erreicht werden kann.

Die spezifisch bürokratische Art der Führung basiert auf einer strengen Befehlskette und ebenso strengen Definitionen der Rollen, die jedem Glied in der Kette zugewiesen werden. Die umfassende Aufgabe, die nur von oben vollständig sichtbar ist, wird aufgeteilt und unterteilt, entlang der Befehlskette von oben zu den tieferen Ebenen der Hierarchie. Sobald das untere Niveau der unmittelbaren Verrichtung erreicht ist, stehen die Ausführenden vor ziemlich einfachen und vorhersehbaren Entscheidungen.

Dieses ideale Modell kann allerdings nur unter der Bedingung richtig funktionieren, dass alle an der Arbeit der Organisation beteiligten Personen die Befehle befolgen, die sie erhalten, und nur von diesen geleitet werden (ihre Handlungen sind, wie man manchmal sagt, „regelbasiert"). Und das bedeutet, dass Menschen nicht durch ihre persönlichen Vorstellungen und Überzeugungen oder durch Emotionen – Sympathie oder Antipathie – gegenüber Arbeitskollegen oder einzelnen Kunden oder für Ziele abgelenkt werden sollten. Das Handeln jedes Einzelnen muss völlig *unpersönlich* sein, ja, es sollte sich überhaupt nicht an Personen orientieren, sondern an den Regeln, die das Verfahren bestimmen.

Diese Art von Maßnahmen, die durch eine kodifizierte Basis von Regeln geleitet werden, werden als *prozessuale Rationalität* bezeichnet. Was zählt, ist die genaue Einhaltung des Verfahrens. Was vor allem angeprangert und bestraft wird, ist die Veränderung des Verfahrens nach individuellen Vorlieben oder Neigungen. Kein Wunder. Selbst der akribischste Plan für einander ergänzende Maßnahmen würde nicht viel bewirken, wenn man den persönlichen Emotionen freien Lauf lassen würde.

Tatsächlich stehen jene „Neigungen", die die Mitarbeiter einer Organisation gebeten werden, in ihren Schränken einzuschließen, bevor sie einchecken, für sprunghafte, regellose Entscheidungen, die unmöglich vorherzusagen und noch weniger zu kontrollieren sind. Emotionen kommen sozusagen unangekündigt aus dem Nichts; und wenn sie kommen, ist es praktisch unmöglich, sie zu bekämpfen. Man kann Emotionen keine Befehle erteilen und man kann sie auch nicht wegschicken. Vernunft, Berechnung, Auswendiglernen des Inhalts der Statutenbücher und ein noch so akribisches Design – nichts davon wird hier helfen.

Aber nicht nur die launischen „zentrifugalen" Gefühle sind unerwünscht. Eine Organisation benötigt keine Zuneigung ihrer Mitglieder und ebenso wenig deren Zustimmung für ihre Ziele, denen sie tatsächlich oder vermeintlich dient, oder zu den Aufgaben, die sie erfüllt. Wenn die Bereitschaft der Mitglieder, ihre Pflicht zu erfüllen, auf ihrer Begeisterung für die erklärten Ziele ihrer gemeinsamen Tätigkeit beruht, wenn ihre Leistung davon abhängt, was sie von der Treue der Organisation zu ihren Zielen halten, würden sie gewissermaßen die Hände der Befehlsgeber beobachten und die Befehle an ihren angeblichen Zielen messen. Am Ende könnten sie mit ihren Gründen nicht einverstanden sein und sogar den Gehorsam verweigern. Deshalb ist die Zustimmung zu den Zielen des Unternehmens, für das man arbeitet, nicht erforderlich; sie zu verlangen, würde sich als geradezu schädlich erweisen.

Organisationen brauchen (und fördern daher) nur zwei Arten von Zuneigung, um effizient zu arbeiten. Die eine ist die Loyalität gegenüber dem Unternehmen und die Bereitschaft, seine Pflicht zu erfüllen – unabhängig vom Inhalt der Arbeit, die einem aufgetragen ist –, vorausgesetzt, der Befehl war „legitim", kam aus der richtigen Quelle und über die richtigen Kanäle. Die andere ist die Loyalität gegenüber den Kollegen – das Gefühl, dass „alle in einem Boot" sitzen, die Haltung, dass man sie „nicht im Stich lassen" kann. Dies sind die einzigen Gefühle, die die prozessuale Rationalität braucht – und um sie zu sichern, müssen alle anderen Emotionen abgeschwächt oder eliminiert werden.

Die prominentesten unter diesen exilierten Emotionen sind moralische Gefühle. Die unverwüstliche und widerspenstige „Stimme des Gewissens", die einen dazu veranlassen kann, den Leidenden zu helfen und kein Leid zu verursachen. Das Gewissen kann einem sagen, dass die aufgetragene Handlung falsch ist – auch wenn sie prozessual passt. Oder dass eine ganz andere Aktion richtig wäre, auch wenn sie aus Sicht des verbindlichen Verfahrens „regelwidrig" ist. Und wenn diese Stimme stark ist und andere Stimmen, die sie dämpfen könnten, schwach, wird das Ergebnis der koordinierten Aktion von den moralischen Gefühlen der einzelnen Akteure bestimmt. Organisationen verteidigen sich gegen einen solchen Fall auf zwei Arten.

Die erste ist das Phänomen, das als *schwebende Verantwortung* beschrieben wird. Wenn ein Mitglied der Organisation die Regeln genau befolgt und das getan hat, was die richtigen Vorgesetzten ihm gesagt haben, muss es die Verantwortung für die Auswirkungen seiner Handlung nicht tragen. Wer also trägt sie? Die Frage ist offenkundig verwirrend, da jedes andere Mitglied der Organisation ebenfalls Verfahren und Befehle befolgt. Es scheint, dass die Organisation von *niemandem* regiert wird – das heißt, sie wird nur von der unpersönlichen Logik ihrer Prinzipien getrieben.

Das ist jedoch nicht das einzige Problem – denn die Zuschreibung von Verantwortung ist durch die starke Arbeitsteilung noch schwieriger. Jedes Mitglied, das zu den endgültigen Ergebnissen beiträgt, führt in den meisten Fällen Aktionen aus, die für sich genommen recht harmlos sind und die die fragliche Wirkung nicht ohne die ergänzenden Aktionen vieler anderer Menschen verursachen würden – und könnten. In einer großen Organisation sehen (oder hören) die meisten Mitglieder nicht einmal die endgültigen, fernen und immer indirekten Ergebnisse, zu deren Verwirklichung sie beitragen. So können sie sich weiterhin moralisch und anständig fühlen (was sie meistens tun, wenn sie sich unter Freunden oder in der Familie bewegen), selbst wenn sie dazu beitragen, dass entsetzliche Grausamkeiten begangen werden.

Die zweite ist die Neigung zu erklären, dass die meisten Dinge, die von den Mitgliedern von Organisationen im Dienst erwartet werden, von einer moralischen Bewertung ausgenommen sind – sie sind sozusagen ethisch indifferent, weder gut noch schlecht, nur richtig oder falsch. Das bedeutet nicht, dass allgemein verbreitete moralische Meinungen in Frage gestellt werden. Vielmehr wird unverblümt erklärt, dass die Kategorien „gut" und „böse" bei der Umsetzung organisatorischer Aufgaben nicht anwendbar seien, die nur nach der verfahrensrechtlichen Korrektheit beurteilt werden könnten; wenn sie ihre Aufgabe erfüllen, gibt es keine weitere Prüfung mehr, der sie unterzogen werden könnten.

Wenn „Ethik" im Wortschatz der Bürokratie auftaucht, steht sie im Zusammenhang mit der „Berufsethik". Letztere gilt als verletzt, wenn ein Mitglied der Organisation gegenüber untreu ist (etwa indem Geheiminformationen hinausgetragen werden, das Büro für Zwecke genutzt wird, die nicht in den Statuten vorgesehen sind, oder indem die Einmischung externer Interessen ermöglicht wird), oder auch durch Illoyalität gegenüber Kollegen (derartige Anklagen werden meist von Mitgliedern erhoben, die glauben, dass sie beleidigt oder geschädigt wurden; die Sprache der Ethik, bekanntlich weniger genau als die kodifizierter Regeln, wird immer dann verwendet, wenn bestimmte Kompetenzen verschieden und strittig interpretiert werden können).

Alles in allem ist die moderne Organisation eine Einrichtung, die darauf abzielt, menschliche Handlungen immun gegen das zu machen, was die Akteure privat glauben und fühlen. Hier ist die Disziplin die alleinige Verantwortung, die allen anderen Verantwortlichkeiten einen Riegel vorschiebt, während der Ethikkodex, der die Pflichten gegenüber der Organisation festlegt, über den moralischen Kriterien steht, nach denen man das Verhalten der Mitglieder beurteilen könnte. Mit anderen Worten, die moderne Organisation ist eine Art, Dinge zu tun, die frei ist von moralischen Einschränkungen. Deshalb können moderne Organisationen entsetzliche Dinge tun, vor denen einzelne Mitglieder, wären sie auf sich allein gestellt, zweifellos mit Grausen zurückschrecken würden.

Auch wenn dies nicht der Fall ist, ist eine schädliche Wirkung praktisch unvermeidlich: Menschen, die sich im Umkreis bürokratischer Handlungen bewegen, hören auf, verantwortungsbewusste, moralische Subjekte zu sein, sie werden ihrer moralischen Autonomie beraubt und darauf trainiert, ihr moralisches Urteilsvermögen nicht zu nutzen (und auch nicht darauf zu vertrauen). Sie sind in das hineingegossen, was der amerikanische Psychologe Stanley Milgram den „Agens-Zustand" nannte – in dem sie zumindest für die Dauer des Experiments aufhören, für ihr Verhalten und dessen Folgen verantwortlich zu sein – und ihre Ohren fest zuhalten, um die Stimme des Gewissens nicht zu hören.

Die *prozessuale* Rationalität ist das konstruktive Prinzip der Organisation – die *instrumentelle* Rationalität treibt die Geschäfte voran: Hier sind die Ziele, hier sind die Mittel; hier sind die Ressourcen, hier sind die Ergebnisse, die man erzielen kann, wenn man sie sinnvoll einsetzt. Die Mittel sollen so wirkungsvoll wie möglich eingesetzt werden; es gibt kein größeres Verbrechen in der Geschäftswelt als die unzureichende Nutzung von Ressourcen, bei der einige Vermögenswerte, die „arbeiten" und „Ergebnisse bringen" könnten, brachliegen und verkommen. Wie viel die verfügbaren Mittel bringen können, ist die einzige Frage, die man sich bei alternativen Nutzungsmöglichkeiten stellen kann. Andere Fragen – vor allem moralische Fragen – werden im Voraus kurz abgefertigt. Sie werden mit der Begründung abgelehnt, dass sie wirtschaftlich keinen Sinn ergeben: den einzigen Sinn, den das Geschäftsleben anerkennt. Die Vorzüge ethischer Investitionen oder grüner Produkte werden meist nur anerkannt, wenn die Sprache der Moral selbst als „wirtschaftlich sinnvoll" gilt, nicht wenn erkennbar Kompromisse eingegangen werden müssen.

Es ist nicht zu leugnen, dass die Wirtschaft, genau wie die Bürokratie, bestrebt ist, ihre eigene besondere Art von Moral zu beschreiben und zu bewahren, die manchmal als „Geschäftsethik" bezeichnet wird. Der überragende Wert dieser Ethik ist Ehrlichkeit, die, wie das Kleingedruckte zeigt, vor allem darauf abzielt, Zusagen und vertragliche Verpflichtungen einzuhalten. Ohne diese Art von Ehrlichkeit gibt es kein Geschäftsleben. Indem sie darauf bestehen, dass alle Seiten an das Prinzip der „Ehrlichkeit" gebunden sind, schützen sich Geschäftspartner vor der Gefahr, betrogen oder ausgenutzt zu werden.

Noch wichtiger ist jedoch, dass sie sich ein relativ geordnetes, berechenbares Umfeld schaffen, ohne das instrumental-rationale Entscheidungen undenkbar wären. Und doch geht es bei der „Geschäftsethik" – wie bei jedem Ethikkodex – genauso darum, bestimmte Verhaltensweisen für ethisch zwingend zu erklären wie andere Arten von Handlungen, die man übernimmt oder unterlässt, für ethisch neutral oder überhaupt nicht moralisch. Der Code gibt an, wie weit die Ehrlichkeit reichen muss und wann man sagen kann, dass jemand „ehrlich genug" war. Alles, was sich über diese Grenze hinaus erstreckt, ist für die Geschäftsethik unerheblich; Geschäftsleute haben das Recht, sich für perfekt innerhalb ihrer moralischen Pflichten zu halten, ohne sich weiter darum zu kümmern.

Die Neuzeit begann mit der Trennung von Geschäft und Haushalt. Ohne eine solche Trennung wäre die instrumentelle Logik des Geschäftslebens für immer durch moralische Verpflichtungen verunreinigt und eingeengt. Innerhalb des Haushalts werden Güter an Menschen vergeben, weil sie sind, wer sie sind – Kinder, Schwestern, Eltern – und nicht, *um die Gewinne* zu erzielen, die der Geber zu erreichen hofft. Um wirtschaftlich sinnvoll zu sein, müssen die Vermögenswerte hingegen dem Meistbietenden zugeteilt werden – nicht denen, die sie vielleicht am meisten brauchen, sondern denen, die bereit sind, im Austausch am meisten zu geben. Referenzen und Ansprüche des Höchstbieters dürfen keine Rolle spielen (mit Ausnahme der Solvenz natürlich). Im Geschäft gibt es keine Freunde und keine Nachbarn. Tatsächlich könnte es sogar helfen, wenn der Partner einer Transaktion ein völlig Fremder ist und bleibt, denn nur dann kann die instrumentelle Rationalität das unbestrittene Übergewicht gewinnen, das sie benötigt. Wenn man zu viel über die Partner weiß, kann dies – wer weiß? – zu einer persönlichen, emotionalen Beziehung führen, die unweigerlich verwirrt und das Urteilsvermögen trübt. Wie der *Korpsgeist* des bürokratischen Standes kämpft der *Geschäftsgeist* gegen Gefühle, und vor allem die moralischen Gefühle. Er lässt sich nicht leicht mit dem Verantwortungsbewusstsein für Versorgung und Wohlergehen derjenigen vereinbaren, die vom unternehmerischen Streben nach dem größten Gewinn betroffen sein können. In der Geschäftssprache bedeutet „Rationalisierung" in den meisten Fällen, Menschen zu entlassen, die ihren Lebensunterhalt aus der Erfüllung von Geschäftsaufgaben bezogen haben. Sie sind jetzt „überflüssig", weil ein besserer Weg gefunden wurde, die Vermögenswerte zu nutzen – und ihre bisherigen Dienste zählen nicht viel.

Jede geschäftliche Transkation muss, um wirklich rational zu sein, von Grund auf neu beginnen und vergangene Verdienste und Dankesschuld vergessen. Der Geschäftssinn drückt sich vor der Verantwortung für seine eigenen Folgen, und das ist ein weiterer tödlicher Schlag für den Einfluss moralischer Überlegungen. Die Schrecken der Innenstädte, schäbige Straßen, einst blühende und jetzt sterbende Gemeinden, die durch unternehmerische Aktivitäten verwaist sind, die sie bisher am Leben erhielten, die aber jetzt – aus den stichhaltigsten und vernünftigsten Gründen – auf grünere Weiden gezogen sind, sind nicht Opfer von Ausbeutung, sie wurden aus moralischer Gleichgültigkeit im Stich gelassen.

Bürokratie erstickt oder kriminalisiert moralische Impulse, während die Wirtschaft sie lediglich beiseiteschiebt. Entsetzt über die totalitären Tendenzen, die in jeder Bürokratie verwurzelt sind, schlug George Orwell Alarm bei der Aussicht, dass „der Stiefel ewig ein menschliches Gesicht zertrampelt". Eine passende Metapher für die Art des Geschäftslebens, die Moral schlecht zu machen, wären vielleicht „Scheuklappen, die für immer verhindern, dass das menschliche Gesicht gesehen wird".

Die kurzfristigen Folgen für jene Menschen, die der einen oder anderen der beiden Strategien ausgesetzt sind, mögen sehr unterschiedlich sein, doch die langfristigen Ergebnisse sind ganz ähnlich: die Verbannung moralischer Fragen von der Tagesordnung, eine Schwächung der moralischen Autonomie des handelnden Subjekts, die Untergrabung des Prinzips der moralischen Verantwortung für die Auswirkungen der eigenen Handlungen, auch wenn sie weit entfernt und indirekt sind. Weder moderne Organisation noch modernes Geschäft fördern die Moral; wenn überhaupt, machen sie das Leben eines hartnäckig moralischen Menschen hart und freudlos.

Im Nachdenken darüber, warum die Täter unfähig waren, ihre Verantwortung für die Holocaust-Verbrechen nicht nur zuzugeben, sondern auch zu begreifen (sie befolgten Befehle ... Es galt, eine Aufgabe zu erledigen, einen Auftrag zu erfüllen ... Sie konnten ihre Kameraden nicht im Stich lassen), forderte Hannah Arendt, eine äußerst scharfe Kritikerin der ethischen Errungenschaften und Versäumnisse der Moderne, dass Menschen fähig sein müssten, Recht und Unrecht zu unterscheiden, auch wenn alles, was sie dabei leiten kann, ihr eigenes Urteil ist, das zudem noch völlig dem widerspricht, was ihnen als gemeinsame Ansicht aller um sie herum erscheinen muss ...

So nebulös eine solche Forderung auch immer in einer von Bürokratie und Wirtschaft dominierten Welt erscheinen mag, Arendt sah in ihr die letzte Hoffnung auf Moral und die aller Wahrscheinlichkeit nach einzig realistische, wenn auch dürftige Strategie, um der Moral jenen Boden zurückzugewinnen, von dem sie vertrieben wurde. In dem Bestreben, diese Forderung zu erfüllen, schrieb sie: „Es gibt keine Regeln, an die man sich halten kann ... denn es gibt keine Regeln für das noch nie Dagewesene." Mit anderen Worten, niemand als die moralische Person selbst muss die Verantwortung für ihre eigene moralische Verantwortung übernehmen.

Fragmentierung und Diskontinuität

In der bisherigen Darstellung geht es nicht nur um eine ferne Vergangenheit. Der bürokratische Geist großer Unternehmen und die „Geschäftsethik" bleiben sehr prägende Merkmale unserer Zeit, und Nachrufe auf moralische Gefahren, die sie mit sich bringen, wären verfrüht. Sie sind jedoch nicht mehr die einzigen Quellen der beiden Zwillingsprozesse „moralische Neutralisierung" und „schwebende Verantwortung", die beide noch immer stark sind, aber neue Formen annehmen. Es gibt eine ganze Reihe neuer Elemente in der sich abzeichnenden menschlichen Lage, die aller Wahrscheinlichkeit nach weitreichende moralische Folgen haben werden.

Diese neuen Elemente ergeben sich aus der allgemeinen Tendenz zur Demontage, Deregulierung und Auflösung der einst soliden und relativ dauerhaften Rahmenbedingungen, in die die Sorgen und Bemühungen der meisten Individuen eingeschrieben waren. Arbeitsplätze, die einst als „lebenslang" angesehen wurden, sind immer häufiger nur noch zeitweilig und könnten praktisch unbemerkt verschwinden, zusammen mit ihren Fabriken oder Büros oder Bankfilialen. Selbst die Fähigkeiten, die die benötigten Arbeitsplätze erforderten, altern schnell und werden über Nacht vom Vorteil zur Belastung. Umsichtig und vorausschauend zu sein, an die Zukunft zu denken, wird immer schwieriger, da es wenig Sinn hat, Fähigkeiten zu erwerben, die morgen vielleicht nicht mehr benötigt werden, oder Geld zu sparen, das bald viel von seiner Kaufkraft verlieren könnte. Wenn junge Männer und Frauen in das Spiel des Lebens einsteigen, weiß niemand, wie die Spielregeln in Zukunft aussehen werden. Die einzige Sicherheit ist, dass sich die Regeln vielfach ändern werden, bevor das Spiel beendet ist.

Die Welt erscheint also weniger stabil als früher (oder als wir sie uns vorgestellt haben). Sie hat offenbar ihre Einheit und Kontinuität verloren – als noch verschiedene Aspekte des Lebens zu einem sinnvollen Ganzen zusammengefügt werden konnten und das, was heute geschah, auf seine Wurzeln zurückgeführt und auf seine Folgen hin untersucht werden konnte. Was die meisten von uns jetzt aus Erfahrung lernen, ist, dass alle Formen der Welt um uns herum, so fest sie auch erscheinen mögen, nicht vor Veränderungen gefeit sind; dass Dinge ohne Vorwarnung ganz plötzlich zutage treten und dann wieder verschwinden oder spurlos in Vergessenheit geraten; dass, was heute alle Wut erzeugt, morgen der Lächerlichkeit anheimfällt; dass das, was man heute rühmt und empfiehlt und uns eintrichtert, morgen mit Verachtung gestraft wird (wenn man sich überhaupt noch daran erinnert); dass die Zeit insgesamt in Episoden zerlegt wird – jede mit einem Anfang und einem Ende, aber ohne Vorgeschichte oder Zukunft; dass es wenig oder keinen logischen Zusammenhang zwischen den Episoden gibt und sogar ihre Abfolge verdächtig so aussieht, als ob sie rein zufällig, kontingent und beliebig wäre; und dass die Episoden, da sie aus dem Nichts kommen, vorübergehen und ohne dauerhafte Folgen verschwinden. Mit anderen Worten, die Welt, in der wir leben (und die wir mit unseren Lebensambitionen hervorbringen), scheint von *Fragmentierung*, *Diskontinuität* und *Inkonsequenz* geprägt zu sein.

In einer solchen Welt ist es klug und umsichtig, keine langfristigen Pläne zu machen oder in die ferne Zukunft zu investieren (man kann nie wissen, wie attraktiv die heute verführerischen Ziele oder Vermögenswerte dann sein werden); sich nicht zu sehr an einen bestimmten Ort, eine bestimmte Gruppe von Menschen, ein bestimmtes Ziel oder gar Selbstbild zu binden, weil man sich nicht nur unverankert und treibend, sondern gänzlich ohne Halt wiederfinden könnte; sich bei den heutigen Entscheidungen nicht von dem Wunsch leiten zu lassen, die Zukunft zu *kontrollieren*, sondern von der Vorsicht, sie nicht *mit einer Hypothek zu belasten*. Mit anderen Worten, „vorausschauend zu sein" bedeutet heute mehr denn je, *Verpflichtungen* zu vermeiden und sich frei zu bewegen, wenn sich die Gelegenheit ergibt. Damit man auch gehen kann, wenn sie vorbei ist.

Die heutige Kultur bestätigt, was jeder von uns wohl oder übel aus eigener Erfahrung lernt. Sie zeigt die Welt als eine Sammlung von Fragmenten und Episoden, in der ein Bild das vorherige verjagt und ersetzt, nur um kurz darauf selbst ersetzt zu werden. Prominente tauchen auf und verschwinden täglich, und nur sehr wenige hinterlassen Spuren. Probleme, die Aufmerksamkeit erfordern, entstehen stündlich und verschwinden, kaum dass sie aufgetaucht sind – zusammen mit der allgemeinen Sorge, die sie hervorgerufen hatten.

Die Aufmerksamkeit ist zur knappsten Ressource geworden. Mit den Worten von George Steiner hat sich unsere Kultur in eine Art „kosmisches Casino" verwandelt, in dem alles „auf maximale Wirkung und sofortige Veralterung" angelegt ist; maximale Wirkung, da die ständig geschockte Vorstellungskraft abgestumpft ist und immer stärkere Impulse benötigt, um sie zu beflügeln, jeder noch niederschmetternder als der letzte; und umgehende Veralterung, da die Aufmerksamkeit nicht unbegrenzt ist und Raum geschaffen werden muss für neue Berühmtheiten, Moden, Schwächen oder „Probleme".

Marshall McLuhan hat den berühmten Satz „das Medium ist die Botschaft" geprägt – was bedeutet, dass, was auch immer der Inhalt einer Botschaft ist, die Eigenschaften der Medien, die sie überbracht haben, selbst eine Botschaft sind (wenn auch versteckt und verstohlen) – in der Regel zukunftsträchtiger als der Inhalt der Kommunikation selbst. Man kann sagen, dass, wenn das Medium als Botschaft der Neuzeit Fotopapier war, seine Entsprechung für die neue Zeit das Videoband ist. Fotopapier kann nur einmal verwendet werden – es gibt keine zweite Chance. Aber wenn es verwendet wird, trägt es die Spuren für lange Zeit – praktisch für immer.

Man denke an das Familienalbum, voll mit vergilbten Porträts von Großvätern, Urgroßvätern und -müttern, unzähligen Tanten und Onkeln, alle mit einem Namen versehen, *alle zählen, man muss mit ihnen rechnen,* alle fügen ihre Steine zur Burg der sich langsam ansammelnden Familientradition hinzu, aus der kein Teil weggenommen oder gelöscht werden kann, wo alles für immer und ewig ist ... Und man denke an das Videoband, das so gemacht ist, dass es gelöscht, wieder und wieder verwendet wird: Es nimmt auf, was im Moment interessant oder amüsant erscheint, bewahrt es jedoch nur, solange das Interesse anhält – schließlich wird es zwangsläufig verschwinden. Wenn das Fotopapier die Botschaft übertrug, dass Taten und Dinge wichtig sind, dass sie von Dauer sind und Folgen haben, dass sie sich gegenseitig beeinflussen – dann strahlt das Videoband die Botschaft aus, dass alle Dinge für sich allein existieren und nur bis auf Weiteres zählen, dass jede Episode von Grund auf neu beginnt und mitsamt ihren Folgen spurlos gelöscht werden kann, sodass das Band wie unberührt bleibt.

Oder, um eine andere Metapher für den Unterschied zwischen den beiden Botschaften des „Zeitgeistes" zu verwenden, kann man sagen, dass das Schlagwort der Neuzeit die Schöpfung war, das Schlagwort unserer Zeit aber heißt Recycling. Oder auch: Wenn der bevorzugte Baustoff der Moderne Stahlbeton war, ist es heute eher der biologisch abbaubare Kunststoff.

Welche Konsequenzen hat das für die Moral? Ganz offensichtlich enorme. Wie der größte ethische Philosoph des 20. Jahrhunderts, Emmanuel Levinas, formuliert hat, bedeutet Moral, *für den Anderen* zu sein (nicht nur ihm beizustehen oder bei ihm zu sein). Eine moralische

Haltung einzunehmen heißt, Verantwortung für den Anderen zu übernehmen; davon auszugehen, dass das Wohlergehen des Anderen eine kostbare Sache ist, die meine Bemühungen um seine Erhaltung und Verbesserung erfordert; dass es betroffen ist von dem, was ich tue oder nicht tue; dass etwas vielleicht gar nicht geschieht, wenn ich es nicht tue, und dass meine Verantwortung für mein Tun nicht dadurch aufgehoben wird, dass andere es tun oder tun können …

Dieses *Sein für* ist bedingungslos (wenn es *moralisch* sein soll, nicht nur *vertragsgemäß*) – es hängt nicht davon ab, was der Andere ist oder tut, ob er oder sie meine Fürsorge verdient oder mit Gleichem vergilt. Man kann sich kein Argument vorstellen, das die Ablehnung moralischer Verantwortung rechtfertigen könnte – sie gekühlt zu lagern, zu verleihen oder zu verpfänden. Und man kann sich keinen Punkt vorstellen, an dem man mit irgendeinem moralischen Recht sagen könnte: „Ich habe meinen Teil getan, und hier endet meine Verantwortung."

Wenn Moral so ist, dann passt sie nicht zum unsteten, fragmentarischen, episodischen, Konsequenzen meidenden Leben. Unser Zeitalter ist das der „reinen Beziehung", wie der Soziologe Anthony Giddens scharfsinnig formuliert hat, die „um ihrer selbst willen eingegangen wird, solange man von einer Person profitieren kann", und eine solche Beziehung „kann mehr oder weniger mutwillig von jedem Partner zu jedem beliebigen Anlass beendet werden"; das Zeitalter der „konfluierenden Liebe", die sich mit den „für immer einzigartigen" Qualitäten des romantischen Liebeskomplexes nicht verträgt, so dass „Romantik nicht mehr mit Beständigkeit gleichgesetzt werden kann"; das Zeitalter der „Plastiksexualität", bei der das sexuelle Vergnügen „von seiner uralten Verbindung mit Fortpflanzung, Verwandtschaft und Generationen getrennt wird". Alle drei sind beherrscht vom Leitprinzip, sich alle Optionen offen zu halten, die eigene Bewegungsfreiheit zu erhalten.

„Ich brauche mehr Raum" ist die ebenso kurze wie gängige Entschuldigung all derer, die sich entziehen – was bedeutet: „Ich will nicht mehr, dass andere sich einmischen, wie ich das gestern noch wollte; ich will mich nur noch mit mir selbst beschäftigen, mit dem, was für mich gut und wünschenswert ist." Wer mehr Raum sucht, muss darauf achten, sich nicht zu verpflichten und vor allem nicht zuzulassen, dass Verpflichtungen das Vergnügen überdauern, das man aus ihnen beziehen kann. Handlungen müssen daher von möglichen Folgen bereinigt werden, und wenn dennoch Folgen drohen, wird jede Verantwortung dafür abgelehnt – und zwar im Voraus.

Das Leben des modernen Menschen wurde oft mit der Pilgerfahrt durch die Zeit verglichen. Die Reiseroute der Pilger richtet sich nach dem Ziel, das sie erreichen wollen (was im Falle des modernen Menschenlebens das ideale Bild einer Berufung, einer Identität ist) – und alles, was sie tun, soll sie dem Ziel näherbringen. Der Pilger ist konsequent bei der Wahl jedes einzelnen Schrittes, im Bewusstsein, dass jeder Schritt wichtig ist und die Reihenfolge nicht umgekehrt werden kann. Heutige Männer und Frauen können ihr Leben jedoch kaum noch als Pilgerfahrt sehen, selbst wenn sie es wollten. Man kann sein Leben als Weg zum Ziel nur in einer Welt planen, in der man vernünftigerweise hoffen kann, dass die Landkarte im Laufe des Lebens gleichbleibt oder sich wenig verändert – und das ist heute ganz offensichtlich nicht der Fall.

Stattdessen ist das Leben der Männer und Frauen heute eher wie das von Touristen durch die Zeit: Sie können und wollen nicht im Voraus entscheiden, welche Orte sie in welcher Reihenfolge besuchen; sicher wissen sie nur, dass sie in Bewegung bleiben und nie gewiss sein werden, ob der Ort, den sie erreichen, ihr endgültiges Ziel ist. Wer das erkennt, wird wahrscheinlich nirgendwo tiefe Wurzeln schlagen und eine zu starke Bindung an die Einheimischen entwickeln. Er oder sie wird jeden Ort als vorübergehenden Aufenthalt behandeln, der seine Bedeutung nur aus der Befriedigung gewinnt, die er bietet; aber man muss bereit sein, wieder wegzugehen, wann immer die Befriedigung nachlässt oder woanders grünere Weiden locken.

Mit anderen Worten, die Strategie „Ich brauche Raum" steht jeder moralischen Haltung entgegen. Sie leugnet die moralische Bedeutung selbst der intimsten zwischenmenschlichen Handlung. Damit werden Kernelemente menschlicher Beziehungen einer moralischen

Bewertung entzogen. Teile der menschlichen Existenz werden *neutralisiert,* die die Neutralisierungsmechanismen von Bürokratie und Geschäft nicht erreichen konnten (oder mussten oder wollten) …

Wie bei den älteren Formen der Neutralisierung von moralischen Bewertungen und der schwebenden Verantwortung ist dies keine Situation, die von Moralpredigern behoben werden kann (jedenfalls nicht von einzelnen Predigern). Ihre Wurzeln liegen tief im Lebenskontext zeitgenössischer Männer und Frauen; es ist, so könnte man sagen, eine Art „rationale Anpassung" an die neuen Bedingungen, unter denen das Leben stattfindet. Diese Bedingungen begünstigen einige Strategien, während man anderen Strategien nur sehr schwer folgen kann.

Die Widerstände gegen eine moralische Haltung, die man durch dick und dünn einnimmt, sind gewaltig – der gesamte soziale Druck schwächt die emotionalen Bindungen zwischen den Menschen und begünstigt freischwebende Agenten. Nur wenn sich dies ändert, wird die Moral jene Bereiche zurückgewinnen, die jetzt „von moralischen Zwängen befreit sind".

Die Privatisierung gemeinsamer Schicksale

Michael Schluter und David Lee, zwei kluge Beobachter der moralischen Notlage zeitgenössischer Männer und Frauen, kommentierten die Art und Weise, wie wir heute leben, auf bissige Weise:

„Wir tragen die Privatsphäre wie einen Druckanzug. Wenn wir auch nur eine kleine Chance haben, stopfen wir den Platz neben unserem in einem Café mit Regenmänteln und Regenschirmen voll, starren unaufhörlich auf Plakate über Masern im Wartezimmer eines Arztes ... Nur keine Einladung zur Begegnung; nur keine Beteiligung ... Das Heim selbst ist schlank und abgespeckt, größere Familien werden in nukleare und alleinerziehende Einheiten zerlegt, in denen die Wünsche und Interessen des Einzelnen bezeichnenderweise Vorrang vor denen der Gruppe haben. Da wir in der Mega-Community nicht aufhören können, einander auf die Zehen zu treten, haben wir uns in unsere geschlossenen Heime zurückgezogen und die Tür geschlossen, und dann sind wir in unsere separaten Räume gegangen und haben die Tür geschlossen. Das Heim wird zu einem multifunktionalen Freizeitzentrum, in dem die Haushaltsmitglieder sozusagen getrennt nebeneinander leben können. Nicht nur die Gasindustrie, sondern das Leben im Allgemeinen wurde privatisiert.

Separat nebeneinander. Privatisiert. Raum teilen, aber nicht Gedanken oder Gefühle – und vollkommen bewusst, dass wir aller Wahrscheinlichkeit nach auch kein gemeinsames Schicksal mehr haben. Dieses Bewusstsein erzeugt nicht unbedingt Verbitterung oder Hass, aber es verbreitet zweifellos Unnahbarkeit und Gleichgültigkeit. „Ich will mich nicht einmischen", sagen wir meist, um aufkommende Emotionen zum Schweigen zu bringen und die Keime einer tieferen, intimeren menschliche Beziehung zu ersticken – der Art „ob reich oder arm, bis dass der Tod uns scheidet". Immer ausgeklügeltere Schlösser, Riegel und Einbruchmelder sind eine der wenigen Wachstumsbranchen – nicht nur wegen ihres tatsächlichen oder vermeintlichen praktischen Nutzens, sondern für ihren symbolischen Wert. Nach innen markieren sie die Grenze der Einsiedelei, in der wir nicht gestört werden wollen, während sie nach außen unsere Entscheidung kommunizieren: „Was mich betrifft, könnte draußen eine Wüste sein".

Wir haben einige der Ursachen für diese zunehmende Unnahbarkeit und Gleichgültigkeit untersucht. Aber nicht alle. Die „Privatisierung des Lebens im Allgemeinen" hat lange Tentakel und dehnt sich weit und breit aus. Wie jedes andere Leben auch ist das privatisierte Leben keine unaufhörliche Glückseligkeit. Es hat sein Maß an Leid, Unzufriedenheit und Groll. In einem privatisierten Leben ist das Unglück jedoch so privat wie alles andere. Das Unglück privatisierter Singles summiert sich nicht, es zeigt immer in eine andere Richtung und erfordert unterschiedliche Abhilfen. In unserer privatisierten Gesellschaft scheinen Beschwerden in sehr unterschiedliche Richtungen zu weisen und sogar aufeinanderzuprallen; sie kumulieren und verdichten sich selten zu einer gemeinsamen Sache. Welchen möglichen Nutzen kann ein Individuum in einer sich wandelnden, driftenden Welt daraus ziehen, sich mit einem anderen Stück Treibgut zusammenzutun?

Der angesehene deutsch-englische Soziologe Norbert Elias dachte über die Lehren nach, die man aus Edgar Allan Poes berühmter Geschichte über die drei im Strudel gefangenen Seeleute ziehen könnte. In der Geschichte sterben zwei der Matrosen – nicht so sehr vom tobenden Meer verschluckt als durch ihre eigene Lähmung aus Verzweiflung und Angst niedergedrückt –, während der dritte, nachdem er sich mit wachen Augen umgeschaut und bemerkt hat, dass runde Objekte eher schwimmen als in den Wirbel gezogen zu werden, prompt in ein Fass springt und überlebt. Schon seit den Zeiten von Diogenes sind Fässer bekannte Symbole für den ultimativen Rückzug aus der Welt, die ultimative individuelle Absonderung. Norbert Elias verstand seinen Kommentar als Trost: Schau, auch inmitten von Stürmen wird die Vernunft den Weg nach draußen weisen … Aber man beachte, welche Botschaft die Vernunft in diesem speziellen Sturm flüstert: Jeder von euch sollte nach einem Fass suchen, in dem er sich verstecken kann.

Die vergangenen Jahre waren gekennzeichnet durch einen langsamen, aber unerbittlichen Abbau oder die Schwächung von Handlungsträgern, die bisher eine *Schicksalsgemeinschaft* institutionalisiert haben. Sie wurden durch Institutionen ersetzt, die eine Diversität der

Schicksale widerspiegeln und fördern. Die beabsichtigte oder unbeabsichtigte Folge ist, dass sich die Gemeinschaft (und das gemeinschaftliche Handeln im Allgemeinen) von einer Quelle individueller Sicherheit in Last und Fluch für den Einzelnen verwandelt hat – eine zusätzliche Last, die es zu tragen gilt, die wenig zum persönlichen Wohlbefinden des Einzelnen beiträgt, aber etwas, das man leider nicht einfach abschütteln kann, obwohl man es gerne möchte.

Zunehmend stellen wir uns den gemeinsamen Bedürfnissen und Ursachen der Gemeinschaft ausschließlich als Steuerzahler. Es geht nicht mehr um unsere gemeinsame Verantwortung für und eine kollektive Versicherung gegen Missgeschick und Unglück eines jeden – sondern um die Frage, wie viel es mich kosten wird, für diejenigen zu sorgen, die nicht für sich selbst sorgen können. *Ihre* Ansprüche zeugen davon, dass sie *Schmarotzer* sind, *meine* Forderungen, weniger in die gemeinsame Kasse einzahlen zu müssen, tun dies selbstverständlich nicht. Es ist ganz normal, dass Steuerzahler weniger Steuern zahlen wollen (so wie ein Lasttier seine Last verringern würde). Das Ergebnis ist natürlich, dass es mit der Qualität der gemeinsam erbrachten Dienstleistungen steil bergab geht. Und dann kauft jeder, der es sich leisten kann, ein Fass und springt hinein.

Wenn es geht, kaufen wir uns individuell aus unterversorgten, schäbigen Schulen, überfüllten, unterfinanzierten Krankenhäusern oder knappen Altersrenten heraus – wie wir es schon mit den schrumpfenden und veralteten Verkehrssystemen getan haben –, mit jenen Folgen, die die meisten von uns heute, da es zu spät ist, beklagen. Je mehr wir dies tun, desto mehr Gründe gibt es dafür, weil die Schulen immer schäbiger, die Warteschlangen im Krankenhaus immer länger werden und die Altersvorsorge immer knauseriger wird; und desto weniger Gründe sehen wir, Opfer für diejenigen zu bringen, die dies versäumt haben. Würde Marie Antoinette auf wundersame Weise in die Gegenwart transportiert, würde sie wahrscheinlich sagen: „Sie beschweren sich, dass das gemeinsame Boot rostig und seeuntüchtig geworden ist? Warum kaufen sie keine Fässer?“

Irgendwo in dieser Abwärtsspirale gibt es einen Punkt – und dieser Punkt ist womöglich schon vorbei –, an dem es Menschen sehr schwerfällt, sich einen Nutzen vorzustellen, den sie aus der Bündelung ihrer Kräfte ziehen könnten: aus jeder Verbesserung, die sich daraus ergeben könnte, dass sie einen Teil ihrer Ressourcen gemeinsam und nicht einzeln verwalten. (Seit vielen Jahren verlagert sich die Steuerlast kontinuierlich von der Einkommensbesteuerung zur Verbrauchsbesteuerung, ohne dass sie zurückginge. Der Trend wird allgemein begrüßt und beklatscht. Je schwächer und unzuverlässiger die kommunalen Garantien individueller Sicherheit werden, desto ungerechtfertigter und belastender erscheinen die kommunalen Ansprüche auf gemeinsame Anstrengungen und Opfer. Mehr und mehr geht es um „Ihren Wert für mein Geld“. Und da die Zahl derjenigen, die Geld geben, die Zahl derjenigen übersteigt, die benachteiligt sind, ist das Schicksal der Schmarotzer besiegelt. Ihre Forderungen und Beschwerden werden mit höchster Wahrscheinlichkeit ganz demokratisch von der Tagesordnung gestrichen, und zwar mit der Mehrheit der Nutznießer unseres universellen Wahlrechts.

Aber die Vernachlässigung der weniger Glücklichen ist nicht die einzige Folge. Sie geht einher mit einem allgemeinen Nachlassen und dem Niedergang des Gemeinschaftsgeistes. Wenn es in der Politik (also bei Themen, die in der *Agora* diskutiert und entschieden werden, wo sich alle Interessierten versammeln und sprechen können) um Dinge von *gemeinsamem* Interesse und Bedeutung geht, wer braucht dann Politik, wenn Interessen und Absichten immer wieder auseinandergehen? Das Interesse an der Politik ging immer auf und ab, doch derzeit erleben wir anscheinend eine völlig neue Form wählerischer Apathie. Die heutige Ernüchterung scheint tiefer zu reichen als die traditionelle Frustration über nicht eingehaltene Versprechungen oder Programme ohne Vision. Es betrifft die Politik als solche. Es zeigt, dass die Mehrheit der Wähler nicht mehr erkennen kann, warum sie sich kümmern sollte, weil offenbar so wenig davon abhängt, was „die" da oben sagen oder tun.

Die „Bürgercharta", einer der wenigen jüngeren Versuche, eine neue Verbindung zwischen den Bürgern und ihren gemeinsamen Diensten herzustellen, bestätigt diesen Trend. Bemerkenswert daran ist, dass die Bürgerchartas die Bürger nicht als Menschen verstehen, die bereit sind, Verantwortung für Themen zu übernehmen, die über ihre privaten Bedürfnisse und Wünsche hinausgehen, sondern als Verbraucher von Dienstleistungen, die von Büros erbracht werden, die sie kaum kontrollieren können oder wollen, geschweige denn beaufsichtigen. Bürgerchartas fördern ein bestimmtes Bild des Bürgers, indem sie die Bürgerrechte in erster Linie, vielleicht sogar ausschließlich, als Recht des Kunden auf Befriedigung definieren. Dazu gehört auch das Recht auf Reklamation und Schadenersatz. Dazu gehört allerdings nicht das Recht, in die inneren Abläufe der Büros zu schauen, über die man sich beschwert und von denen man eine Entschädigung erwartet – geschweige denn das Recht, ihnen zu sagen, was sie tun sollen.

Es gibt eine Art Teufelskreis: Ein zunehmend privatisiertes Leben nährt das Desinteresse an der Politik. Und die von Zwängen befreite Politik vertieft das Ausmaß der Privatisierung und erzeugt so noch mehr Gleichgültigkeit. Vielleicht ist dieser gordische Knoten derart verdreht, dass man nicht mehr sagen kann, wo die Kette der Entscheidungen beginnt und wohin sie führt. Die Chancen stehen schlecht, dass die an der Basis erodierte moralische Verantwortung durch eine moralische Vision wiederbelebt wird, die aus den erodierten gemeinsamen Institutionen kommt. Das wird kaum geschehen.

Wenige Beschwerden oder Hoffnungen richten sich heutzutage an die Regierung eines Landes – jedenfalls sind die Erwartungen gering, dass sie umgesetzt werden. Selbst

Beschwerden und Hoffnungen gelten heute in der Regel als Privatangelegenheiten. Diese Tendenz wird etwa in England durch die weitreichende Schwächung vieler „mittlerer" Institutionen, insbesondere in der Kommunalverwaltung, noch verstärkt. Den Rathäusern wurde so viel Macht entzogen, so wenig hängt davon ab, was sie tun, so zahnlos sind die Gewerkschaften geworden, dass ein vernünftiger Mensch, der Rechtshilfe sucht oder Verbesserungen anstrebt, sich lieber woanders umsieht. Alles in allem ist der neue Geist skeptisch gegenüber Nutzungsmöglichkeiten und möglichen Vorteilen des Zusammenwirkens und der Bündelung von Kräften. Man resigniert mit der Vorstellung, dass man, was auch immer man erreichen will, besser auf die eigene Klugheit und den eigenen Einfallsreichtum setzt.

Aber handeln wir nicht solidarisch – zumindest manchmal? Immer wieder hören wir von Menschen, die sich versammeln oder für eine Sache kämpfen, von der sie glauben, dass sie alle angeht. Ohne solche „gemeinsamen Gefühle" gäbe es keine öffentlichen Versammlungen, Märsche oder Unterschriftensammlungen. Das trifft zwar zu, aber solche gemeinsamen Aktionen leben oft nicht lange genug, um neue Institutionen zu schaffen, die eine anhaltende Loyalität ihrer Teilnehmer gewährleisten können. Wie andere Ereignisse erobern sie kurz die Aufmerksamkeit und verblassen dann, um Raum für andere Anliegen zu schaffen. Es sind im Großen und Ganzen Einzelaktionen, die sich auf eine bestimmte Forderung von Menschen mit ganz verschiedenen Überzeugungen konzentrieren, die oft sehr seltsame Bettgenossen abgeben und wenig gemeinsam haben.

Nur selten manifestieren oder verstärken solche Einzelfragen das Gefühl der moralischen Verantwortung für das Gemeinwohl. Viel häufiger mobilisieren sie Gefühle *gegen* etwas, nicht *für* etwas: gegen eine Umgehungsstraße oder eine Eisenbahnverbindung, gegen ein Romalager oder einen Romakonvoi, gegen eine Giftmülldeponie. Manchmal scheint es, das Hauptziel bestehe nicht darin, die gemeinsame Welt besser und bewohnbarer zu machen, sondern vielmehr darin, ihre weniger einnehmenden Aspekte neu zu verteilen: die unangenehmen und unerfreulichen Teile in den Hinterhof der Nachbarn zu kippen. Solche Projekte trennen mehr, als sie verbinden. Insgeheim fördern sie die Idee, dass verschiedene Menschen unterschiedliche moralische Ansprüche haben und dass es zu den Rechten einiger gehört, anderen Rechte zu verweigern.

Eine privatisierte Existenz hat viele Freuden: Wahlfreiheit, die Möglichkeit, viele Lebensweisen auszuprobieren, die Chance, sich zum Maßstab des eigenen Selbstbildes zu machen. Aber sie kennt ebenso das Leid – Einsamkeit und vor allem permanente Unsicherheit über getroffene und noch zu treffende Entscheidungen. Es ist nicht einfach, eine eigene Identität aufzubauen, die sich allein auf eigene Annahmen und Eingebungen stützt. Aus einer solchen selbstgebastelten Identität kann man wenig Selbstsicherheit beziehen, wenn sie nicht von einer Macht anerkannt und bestätigt wird, die stärker und dauerhafter ist als der einsame Bastler. Identität muss als solche gesehen werden; die Grenze zwischen einer gesellschaftlich akzeptierten und einer individuell ersonnenen Identität ist eine Grenze zwischen Selbstbehauptung und Wahnsinn.

Deshalb fühlen wir alle immer wieder ein überwältigendes „Bedürfnis nach Zugehörigkeit" – ein Bedürfnis, uns nicht nur als einzelne Menschen, sondern als Mitglieder einer größeren Einheit zu identifizieren. Diese Identifikation durch Mitgliedschaft soll eine solide Grundlage schaffen, auf der eine kleinere und schwächere persönliche Identität aufgebaut werden kann. Da einige der alten, einst festen Institutionen, die einzelne Identitäten bestätigt und unterstützt haben, in Trümmern liegen, während andere schnell ihre stützende Macht verlieren, gibt es einen Bedarf an neuen Institutionen, die in der Lage sind, maßgebliche und verbindliche Urteile zu fällen.

Die Schwächen der Gemeinschaft

Immer wieder sagt man uns von links wie von rechts, dass die *Gemeinschaft* die wohl beste Lösung wäre, um die Lücke zu schließen. Doch die Moderne hat den größten Teil ihrer Zeit und viel Energie für den Kampf gegen Gemeinschaften eingesetzt – jene überlebensgroßen Gruppierungen, in die die Menschen geboren und in denen sie für den Rest ihres Lebens festgehalten wurden – durch die eiserne Hand der Tradition, unterstützt von kollektiver Überwachung und Erpressung.

Seit der Aufklärung galt es als allgemein anerkannte Wahrheit, dass die menschliche Emanzipation, die Freisetzung echten menschlichen Potenzials es erforderte, die Grenzen der Gemeinschaften zu sprengen und die Individuen aus den Umständen ihrer Geburt zu befreien. Jetzt haben wir offenbar den Kreis geschlossen. Die Idee der Gemeinschaft wurde aus dem Kühlhaus zurückgeholt, wohin die Moderne sie im Sinne einer grenzenlosen Menschheit verbannt hatte, und wieder zu echtem oder eingebildetem Glanz der Vergangenheit geführt.

Viele, die ihre bankrotten oder diskreditierten Institutionen verloren haben, setzen jetzt ihre Hoffnungen in die Gemeinschaft. Was einst als Zwang abgelehnt wurde, wird heute als „Möglichkeit zur Selbstermächtigung" begrüßt. Was einst als Hindernis auf dem Weg umfassender Menschheit galt, wird nun als notwendige Bedingung gelobt. Die

Menschheit, so sagt man uns, hat viele Formen und Gestalten, und dank der Gemeinschaften, Traditionen und Kulturen können die überkommenen Lebensformen die Bedingung erfüllen.

Das soziale Denken war immer bestrebt, die von den Machthabern erzählten oder nur erdachten Geschichten zu wiederholen und ihre Absichten und Ambitionen als Beschreibungen der sozialen Realität, ihrer Gesetze oder ihrer „historischen Tendenzen" zu tarnen. Im Zeitalter der modernen kulturellen Kreuzzüge gegen regionale, lokale oder ethnische Selbstverwaltung füllten selbstzufriedene Nachrufe auf Gemeinschaften sozialwissenschaftliche Abhandlungen. Doch Kräfte, die ihre eigene Besonderheit als menschliche Universalität darstellen wollen, sind heute dünn gesät, und hat es daher wenig Sinn, ihre inzwischen verblassten Träume zu erzählen.

Die neuen Mächte, die an ihre Stelle traten, sprechen nicht die Sprache der Universalität. Sie appellieren im Gegenteil an das, was einen Menschen kollektiv von einem anderen *unterscheidet.* Um mehr Kontrolle über ihre eigenen Territorien zu erlangen und ohne Hoffnung, in das Territorium der anderen Eingang zu finden, sind sie bereit zuzugeben, dass die Pluralität der menschlichen Formen bestehen bleibt: kein bedauerlicher, aber vorübergehender Schönheitsfehler mehr, sondern ein ständiger Charakterzug der menschlichen Existenz. Und das soziale Denken ändert prompt und beflissen die Tonart.

Das Argument der Überlegenheit vermeintlich „natürlicher" Gemeinschaft im Leben des Einzelnen geht wie folgt: Jeder von uns wird in eine bestimmte Tradition und Sprache hineingeboren, die entscheidet, was zu sehen ist, bevor wir anfangen zu schauen, was zu sagen ist, bevor wir sprechen lernen, was wichtig ist, bevor wir anfangen, die Dinge gegeneinander abzuwägen, und wie wir uns verhalten sollen, bevor wir anfangen, über die Möglichkeiten nachzudenken. Um also zu wissen, wer wir sind, um uns selbst zu verstehen, müssen wir diese Tradition ergründen und bewusst annehmen; und um wir selbst zu sein, um unsere Identität intakt und wasserdicht zu halten, müssen wir diese Tradition von ganzem Herzen unterstützen. Wir schulden ihr sogar unsere volle Loyalität; und wir sollten ihren Anforderungen unbestrittene Priorität einräumen, wann immer Loyalitätsansprüche in dieser Gesellschaft der multiplen Loyalitäten kollidieren.

Das Argument kehrt sozusagen die wahre Ordnung der Dinge um. Traditionen „existieren" nicht aus sich selbst und unabhängig von dem, was wir denken und tun; sie werden täglich durch unsere Hingabe, unser selektives Gedächtnis und selektives Sehen neu erfunden, durch unsere Art, uns zu verhalten, *als ob* sie unsere Handlungsweise bestimmten. Die Gemeinschaften sind *postuliert*; und die Bedeutung ihres „realen" Seins besteht darin, dass viele Menschen diesem Postulat einmütig folgen. Der Ruf, „der Gemeinschaft, zu der wir gehören," unsere primäre und ungeteilte Loyalität zu widmen, die Forderung, uns zuerst als

Mitglied der Gemeinschaft zu betrachten und alles andere erst danach, ist genau der Weg, um die Gemeinschaft zur „Realität" zu machen, die größere Gesellschaft in kleine Enklaven zu spalten, die sich misstrauisch gegenüberstehen und voneinander Abstand halten.

Weil diese Gemeinschaften, im Gegensatz zu den modernen Nationen, die gut in den Zwangs- und Bildungseinrichtungen des Nationalstaates verwurzelt sind, nicht viele Beine haben, auf denen sie stehen können, außer unseren individuellen Loyalitäten, fordern sie eine ungewöhnlich intensive emotionale Hingabe und schrille, lautstarke und eindrucksvolle Glaubensbekenntnisse; und in den halbherzigen, lauwarmen und unentschlossenen Randzonen wittern sie die tödlichsten Gefahren.

Es gibt also einen weiteren Gegensatz zwischen dem „Narrativ der Gemeinschaft" und dem wahren Stand der Dinge, wie sie ihn erzählt. Im Sirenengesang der Gemeinschaft geht es um die Wärme des Zusammenseins, das gegenseitige Verständnis und die Liebe – eine ungeheure Befreiung vom kalten, harten und einsamen Leben des Wettbewerbs und der ständigen Unsicherheit. Die Gemeinschaft wirbt als gemütliches Zuhause inmitten einer feindlichen und gefährlichen Stadt; sie bedient sich reichlich, offen oder verdeckt beim durchaus zeitgenössischen Bild einer scharfen Kluft zwischen dem befestigten und elektronisch geschützten Heim und der Straße voller messertragender Fremder, der Einöde, die von einer schüchternen „Nachbarschaftswache" kontrolliert wird.

Die Gemeinschaft verführt ihre Proselyten mit dem Versprechen der Freiheit von Angst und der Ruhe im *chez soi.* Aber auch hier ist die Realität allzu oft das Gegenteil. Angesichts der endemischen Brüchigkeit der Fundamente kann sich die Gemeinschaft nichts anderes leisten als volles und militantes Engagement für die Sache. Ihre selbsternannten Wächter sind Tag und Nacht auf der Suche nach echten oder vermeintlichen Verrätern, Überläufern oder einfach nur Halbherzigen und Unentschlossenen. Unabhängigkeit wird missbilligt, Andersdenkende zur Strecke gebracht, Illoyalität verfolgt. Der Druck, die beabsichtigte Herde im Gehege zu halten, ist unerbittlich; die ersehnte Gemütlichkeit der Zugehörigkeit wird zum Preis der Unfreiheit angeboten.

Die Gesamtwirkung all dessen ist ein weiterer Fall der inzwischen bekannten Tendenz, die moralische Verantwortung des Einzelnen zu enteignen. Es ist jetzt die Gemeinschaft, oder besser gesagt, die selbsternannten Wächter ihrer Reinheit, die die Grenzen der moralischen Verpflichtungen ziehen, Gute und Böse trennen und die Definition des moralischen Verhaltens auf Gedeih und Verderb zu diktieren. Das vorrangige Anliegen ihrer moralischen Gesetzgebung ist es, die Trennung zwischen „uns" und „ihnen" wasserdicht zu halten – nicht so sehr, um moralische Standards zu fördern, sondern um *doppelte* Standards zu installieren (wie die Franzosen sagen, *deux poids, deux mésures)* – einen für „uns", einen anderen für die Behandlung von „denen".

Anders als die entpersönlichte Welt privatisierter Individuen fördert die Postulierung einer Gemeinschaft weder moralische Gleichgültigkeit noch nimmt sie sie auf die leichte Schulter. Aber sie kultiviert auch kein moralisches Selbst. Sie ersetzt die Qualen der moralischen Verantwortung durch die Sicherheit von Disziplin und Unterwerfung. Und es ist keineswegs gesichert, dass das disziplinierte Selbst moralisch ist. Während das unterwürfige Selbst leicht in den Dienst der grausamen, sinnlosen Unmenschlichkeit der endlosen (und hoffnungslosen) interkommunalen Abnützungskriege und Grenzscharmützel gestellt werden kann – und wird.

Risiken und Grenzen

Auf der Suche nach den Quellen der moralischen Hoffnung sind wir einen langen Weg gegangen und stehen doch mit leeren Händen da. Unser einziger Fortschritt ist, dass wir gelernt haben, wo solche Quellen wahrscheinlich nicht zu finden sind. Bürokratie und Wirtschaft waren nie als Stätten der Ethik und Schulen der Moral bekannt. Aber von jenen Einrichtungen, die den Schaden kompensieren sollten, den sie dem moralischen Rückgrat des menschlichen Selbst zugefügt haben, kann man auch nicht viel erwarten.

Zurück zur Familie? Die Privatisierungsprozesse reichen tief ins Herz des Familienlebens hinein. Und selbst Eltern zu unbezahlten Polizisten zu machen, wie diejenigen vorschlagen, die Eltern für das Fehlverhalten ihrer Kinder bestrafen wollen, würde die Flut kaum aufhalten. Zurück in den Schoß der Gemeinschaft? Dort wird die moralische Verantwortung eher eingefroren als wiederbelebt. Mehr als zwei Jahrhunderte nach dem Versprechen der Aufklärung, Gesetze für eine ethische und humane Gesellschaft zu erlassen, bleibt jedem von uns nur sein eigenes Gewissen und sein Verantwortungsgefühl als einzige Ressource, um für ein moralischeres Leben zu kämpfen. Und diese Ressource ist erschöpft und ausgepresst.

Das ist nicht nur etwas für Moralphilosophen und Prediger. Auch wenn sie äußerst besorgt sind, wir haben allen Grund, ihre Sorge zu teilen. Das Dilemma, vor dem wir jetzt stehen, wurde von dem großen deutsch-amerikanischen Ethikphilosophen Hans Jonas eindringlich formuliert: „Dieselbe Bewegung, die uns in den Besitz der Befugnisse gebracht hat, die jetzt durch Normen geregelt werden müssen, ... hat in notwendiger Komplementarität jene Grundlagen ausgehöhlt, aus denen Normen abgeleitet werden könnten ..." Jetzt zittern wir in der Nacktheit des Nihilismus, in dem sich Beinahe-Omnipotenz mit Beinahe-Leere verbindet, es gibt höchste Leistungsfähigkeit ohne das Wissen, wozu.

Tatsächlich sind die Einsätze enorm. Eines der einflussreichsten Bücher der letzten Jahre war die „Risikogesellschaft" von Ulrich Beck. Seine Botschaft lautet, dass unsere Gesellschaft zunehmend zu einer risikoproduzierenden, risikoüberwachenden und risikomanagenden Gesellschaft wird. Wir bewegen uns kaum „vorwärts", sondern beseitigen die Unordnung und suchen den Ausweg aus dem Chaos, das wir gestern verursacht haben. Die Risiken haben wir selbst erzeugt, wenn auch unerwartet und oft nicht vorhersehbar oder kalkulierbar. Denn was auch immer wir tun, wir konzentrieren uns auf die anstehende Aufgabe (diese Fähigkeit zur Fokussierung ist in der Tat das Geheimnis der erstaunlichen Errungenschaften von Wissenschaft und Technik), während die Veränderungen, die wir im Gleichgewicht von Natur und Gesellschaft einführen, um diese Aufgabe zu erfüllen, weit und breit nachhallen. Ihre entfernten Auswirkungen schlagen als neue Gefahren, neue Probleme und damit neue Aufgaben zurück.

Was diese ohnehin schon bedrückende Notlage jedoch fast katastrophal macht, ist, dass die Veränderungen, die wir versehentlich herbeiführen, so massiv sind, dass die Grenze, über die hinaus die Risiken völlig unüberschaubar werden und irreparable Schäden entstehen, jeden Augenblick überschritten werden könnte. Wir beginnen jetzt damit, die Gefahren des durch Umweltverschmutzung verursachten Klimawandels oder der Erschöpfung der Boden- und Wasserversorgung durch immer speziellere Düngemittel und Insektizide zu berechnen. Aber die Gefahren einer Freisetzung künstlich geschaffener Viren (jedes einzelne für ganz besondere, zweifellos löbliche Zwecke) oder der immer präziseren Gentechnik der menschlichen Spezies, die letztlich zu Geschäften für maßgeschneiderte menschliche Nachkommen führt, lassen sich nicht so leicht kalkulieren. Hinzu kommt: Obwohl wir die Risiken sehr oft nur zu gut kennen, können wir mit unserem Wissen wenig anfangen, denn die Kräfte, die uns immer tiefer in immer riskantere Gebiete treiben, sind überwältigend. Denken wir zum Beispiel an die unerbittliche Sättigung der konfliktgeladenen Welt mit immer raffinierteren und immer weniger abwehrbaren Waffen oder daran, dass jedes Jahr Hunderttausende neuer Fahrzeuge in den Pesthauch überlasteter Straßen und den praktisch stillstehenden Verkehr eingeführt werden. Die Erfahrung zeigt, dass es wenig Grund gibt, uns damit zu trösten, dass die gleichen Fähigkeiten, die uns stark genug machen, um gewaltige Risiken zu erzeugen, uns klug genug machen könnten, darüber nachzudenken und *deshalb* etwas zu unternehmen, um den Schaden zu begrenzen. Die Fähigkeit zur Reflexion führt nicht ohne Weiteres zur Handlungsfähigkeit.

Selbst wenn der Verstand scharfsinnig und vernünftig genug ist, könnte der Wille fehlen; und selbst wenn der Wille vorhanden ist, könnten die Arme zu kurz sein. Wir führen unsere Verbesserungen (oder Mittel zur Heilung der Wunden aus früheren fehlgeschlagenen Verbesserungen) an einem Ort ein, doch ihre Auswirkungen könnten in entfernte Ecken und Winkel der Welt vordringen, sodass wir uns ihrer kaum bewusst werden. Wir handeln hier und jetzt, um mit Missständen fertig zu werden, die wir heute empfinden – und wir handeln, ohne uns genügend Zeit zu nehmen, um über die langfristigen Auswirkungen unserer Handlungen nachzudenken oder sie gar zu testen.

Aber werden wir es immer noch schaffen, diese andere Brücke zu überqueren, wenn wir dort hinkommen? Und was für eine Brücke wird das sein? Denken Sie an die neuen Wunderdrogen, die dank des Einfallsreichtums von Wissenschaft und Werbung nacheinander in unsere Träume vom Glück platzen. Ihre sogenannten „Nebenwirkungen" werden getestet – manchmal viel zu kurz, manchmal vorsichtig über einen längeren Zeitraum. Die Verhütungspille wird seit über vierzig Jahren von Millionen von Frauen eingenommen, so dass wir sagen können, dass wir die Risiken kennen, die während dieser Zeitspanne auftauchen. Aber wissen wir wirklich, wie die menschliche Welt in hundert Jahren aussehen wird, wenn mehrere Generationen von Frauen die Pille genommen haben? Ist es überhaupt möglich, das zu wissen? Oder kennen wir die Auswirkungen der künstlichen Besamung und der In-Vitro-Zeugung über mehrere Generationen?

Das sind ernste Fragen, wie wir sie noch nie zuvor stellen mussten. Es scheint, wir brauchen heute eine völlig neue Ethik, eine Ethik, die auf die enormen Entfernungen von Raum und Zeit zugeschnitten ist, mit der wir handeln können, und zwar auch dann, wenn wir die ferne Wirkung weder kennen noch bezwecken. Die „erste Pflicht" einer solchen Ethik, um noch einmal Jonas zu zitieren, ist, sich eine Vorstellung zu machen von den langfristigen Auswirkungen von Technologieunternehmen. Eine solche Ethik muss sich, so Jonas, an einer „Heuristik der Furcht" und einem „Prinzip der Unsicherheit" orientieren: Auch wenn die Argumente der Pessimisten und Optimisten fein ausbalanciert sind, sollte „die Prophezeiung des Untergangs stärker beachtet werden als die Prophezeiung des Glücks". Jonas fasst mit einer aktualisierten (wenn auch – wie er selbst schnell eingesteht – keineswegs logisch selbstverständlichen) Version von Kants kategorischem Imperativ zusammen: „Handeln Sie so, dass die Auswirkungen Ihres Handelns mit dem Fortbestand echten menschlichen Lebens vereinbar sind." Im Zweifelsfall – deutet Jonas an – handle nicht. Vergrößern oder vervielfachen Sie das Risiko nicht mehr als unvermeidlich, und irren Sie, wenn überhaupt, auf der Seite der Vorsicht.

Die ethische Selbstbeschränkung, die Jonas für notwendig hält, ist eine große Aufgabe. Der „Heuristik der Angst" zu folgen würde bedeuten, sich dem Druck praktisch aller anderen Aspekte des zeitgenössischen Lebens zu widersetzen, ihm zu widerstehen und zu trotzen: dem Marktwettbewerb, dem andauernden, nicht erklärten Umverteilungskrieg zwischen territorialen und nicht-territorialen Einheiten und Gruppen, den sich selbst treibenden und verstärkenden Tendenzen von Technologie und Wissenschaft, unserem Verständnis von Lebensprozessen und kollektivem Leben als Abfolge von „zu lösenden" Problemen und unserer tief verwurzelten Abhängigkeit von immer fachkundigeren und technikintensiveren Konzepten.

Hinter all diesen Aspekten stehen mächtige, gut vernetzte Institutionen mit einem Einfluss, der beinahe die elementare Kraft von „Naturkräften" hat. Hinter dem neuen ethischen Imperativ steht dagegen das diffuse Gefühl, dass wir so nicht mehr lange weitermachen können, ohne Gefahren von gewaltigen, vielleicht beispiellosen Ausmaßen heraufzubeschwören. Dieses Gefühl hat noch nicht seinen institutionellen Ort gefunden, und es ist keineswegs klar, wo es die Kräfte gibt, die Jonas-ähnliche Prinzipien auf ihre Banner schreiben werden – geschweige denn Kräfte, die stark genug sind, um zu siegen.

Neue Ethik auf der Suche nach neuen Politiken

Hannah Arendt schrieb als sehr hellsichtige Beobachterin und strenge Richterin unserer gegenwärtigen menschlichen Lage vielfach und überzeugend über die „Leere des politischen Raums". Was sie meinte, war, dass es in unserer Zeit keine offensichtlichen Orte der *Körperpolitik* mehr gibt, an denen vergangene Skandale und Verfehlungen aus der Erinnerung getilgt werden. Alle Verpflichtungen gelten bis auf Weiteres, und die ewigen Rechte sind so sterblich, wie die Ewigkeit selbst es geworden ist.

Eine Regierung, die eine so verstandene Politik praktiziert und fördert, mag ihre Subjekte wie sie sind, mit ihren unsteten Augen und ihrer vagabundierenden Aufmerksamkeit, so sehr sie auch von Zeit zu Zeit über ein glorreiches Erbe und alte Familienwerte schwadronieren. Subjekte, die ihr Leben als Folge von inkonsequenten und unbedeutenden Episoden leben, eignen sich bestens, vielen Dank, für Regierungen, deren Politiken aus einer Reihe von inkonsequenten Fragmenten besteht, die man besser gleich vergisst. Solche Regierungen handeln so, dass nichts als dauerhaft oder vertrauenswürdig, als vorhersehbar und verlässlich angesehen werden kann. Sie verlegen die Orte, an denen Entscheidungen getroffen werden, dorthin, wo die Betroffenen sie nicht als Entscheidungen erkennen können, sondern als „blindes Schicksal" erfahren. Sie bieten das Spiel der Marktkräfte als einziges Muster für das Leben als Spiel und fördern das Ausspielen der eigenen Stärken als höchsten Standard des Anstands.

Solche Leben sind kein ungetrübtes Glück. Weit gefehlt. Der Glaube an das Glück, der in einem Leben des Konsums endemisch ist, ist alles andere als „trivial wahr": Unsicherheit, Ungewissheit, Einsamkeit und die Zukunft als Quelle der Angst statt der Hoffnung? Was ist, wenn man nie etwas sicher für sich hat, man nie Gewissheit hat, nie mit Sicherheit sagen kann: „Ich bin angekommen?" Was ist, wenn man in der Nachbarschaft nur einen Dschungel sieht, den man vorsichtig und ängstlich beobachten muss, in Fremden Tiere, vor denen man sich verstecken muss, was ist mit den privatisierten Gefängnissen einbruchsicherer Häuser?

Das Leben muss nicht so sein. Der Raum, in dem wir zusammenleben, kann gut und einvernehmlich strukturiert sein. In einem solchen Raum, in dem viele Dinge, die für das Leben eines jeden von uns lebenswichtig sind (Transport, Schulen, Operationen, Kommunikationsmedien), geteilt werden, können wir uns gegenseitig als Voraussetzungen statt als Hindernisse für unser Wohlergehen sehen.

So sehr das fragmentierte und diskontinuierliche Leben das Schwinden moralischer Impulse fördert, so sehr würde ein gemeinsames Leben mit dauerhaften und vielschichtigen Beziehungen die moralische Verantwortung wiederbeleben und das Bedürfnis wecken, die (jetzt wirklich) gemeinsamen Angelegenheiten zu bewältigen. So wie das Leben in Episoden und die auf Krisenmanagement reduzierte Politik den Abschied von der Politik bewirken, so würde die Teilung der Verantwortung einen großen Beitrag dazu leisten, den Bürgern ihre Stimme wiederzugeben, die sie verloren haben oder nicht mehr erheben.

Die heutige Gesellschaft spricht mit vielen Stimmen, und wir wissen jetzt, dass sie dies noch sehr lange tun wird. Die zentrale Frage unserer Zeit ist, wie wir diese Polyphonie wieder in Harmonie bringen und verhindern können, dass sie zur Kakophonie verkommt. Harmonie bedeutet nicht Uniformität; sie ist immer ein Zusammenspiel verschiedener Motive, von denen jedes seine eigene Identität behält und die resultierende Melodie durch und dank dieser Identität trägt.

Hannah Arendt sah in der Fähigkeit zum Zusammenspiel die Qualität der *Polis* – wo wir uns als *Gleiche* begegnen können, wo wir unsere Vielfalt begreifen und uns um die Erhaltung dieser Vielfalt als den eigentlichen Zweck unseres Treffens kümmern ... Wie kann dies erreicht werden? Indem die getrennten Identitäten vor der Exklusivität halt machen, vor der Weigerung, mit anderen Identitäten zusammen zu leben. Dies wiederum erfordert die Aufgabe der Neigung, andere Identitäten im Namen der eigenen Selbstbehauptung zu unterdrücken. Man muss im Gegenteil akzeptieren, dass es gerade der Schutz anderer Identitäten ist, der die Vielfalt bewahrt, in der die eigene Einzigartigkeit gedeihen kann.

In seiner sehr einflussreichen „Theorie der Gerechtigkeit"' stellte John Rawls das Modell des „überlappenden Konsens'" vor und erläuterte die Annahmen, unter denen Harmonie

zwischen Vielfalt und Einheit erreicht werden kann. Richard J. Mouw und Sander Griffioen
fassen seine Vorschläge so zusammen:

Die Kernaussage hier ist, dass Menschen, die von sehr unterschiedlichen metaphysischen/ religiösen/moralischen Ausgangspunkten her den öffentlichen Bereich betreten, sich, einmal dort angekommen, darauf einigen können, mit den gleichen intuitiven Ideen darüber zu arbeiten, was zu einer gerechten Vereinbarung führt. Sie können einen Konsens in Fragen wie Rechtsstaatlichkeit, Gewissensfreiheit, Gedankenfreiheit, Chancengleichheit und einem fairen Anteil an materiellen Mitteln für alle Bürger erreichen ...

„Sie können" ... Die Frage ist, würden sie? Und werden sie? Die Bürger, die sich früher in den öffentlichen Räumen der *Polis* trafen, mögen dies im Großen und Ganzen geschafft haben. Aber sie trafen sich dort mit der erklärten Absicht, öffentliche Angelegenheiten zu besprechen, für die sie und nur sie die Verantwortung trugen: Nirgendwo sonst werden die Dinge getan, wenn wir sie nicht tun ... Welcher überlappende Konsens auch immer erzielt wurde, er war ihre gemeinsame Leistung und wurde ihnen nicht geschenkt. Sie erzielten diesen Konsens wieder und wieder, während sie sich trafen und sprachen und debattierten. In einem treffenden Satz von Jeffrey Weeks heißt es: „Die Menschheit ist keine zu verwirklichende Essenz, sondern eine pragmatische Konstruktion, eine Perspektive, die durch die Artikulation der Vielfalt der einzelnen Projekte entwickelt werden muss – der Unterschiede, die unsere Menschheit im weitesten Sinne ausmachen."

Es war der amerikanische Politikwissenschaftler Albert Hirschman, der als erster vorschlug, dass Menschen die sie betreffenden Angelegenheiten auf zwei Arten beeinflussen können: durch *Stimme* oder durch *Abgang* (nicht zufällig nahm Hirschman die Handlungen der Menschen in ihrer Eigenschaft als *Konsumenten* zum Vorbild): „Stimme" steht für die Forderung nach Veränderungen in der Art der getanen Dinge und der Weise, wie sie getan werden; „Abgang" für das generelle Zurückweichen vor unbeliebten Dingen und das Suchen nach Befriedigung anderswo. Der Unterschied zwischen „Stimme" und „Abgang" ist, um es ganz klar zu sagen, der zwischen Engagement und Disengagement, Verantwortung und Gleichgültigkeit. Wir können sagen, dass wir in der aktuellen Lage Menschen brauchen, die ihre Stimme erheben, doch unsere politischen Institutionen und ihre Vorstellung vom „Staatsbürger" bevorzugen unseren Abgang.

Nur darum geht es beim Konzept des Staatsbürgers als zufriedenem Kunden: Überlassen Sie Entscheidungen denjenigen, die Bescheid wissen, und diese werden sich um Ihr Wohlbefinden kümmern. Und doch haben wir gesehen, dass es gerade der Rückzug in die Mauern der eigenen Familie ist (gefolgt von einem weiteren Rückzug in die individuelle Hülle), dass wir die komplizierten, aber engen Zusammenhänge zwischen dem Leben in der Familie (oder auch dem individuellen Leben) und dem Leben im öffentlichen Raum aus den Augen verlieren, dass wir vergessen, wie sehr Letzteres Ersteres bestimmt – was dazu führt, dass die gegenwärtige Privatisierung menschlicher Anliegen den Chancen einer moralischen Wiederbelebung schwersten Schaden zufügt. Bei genauerer Betrachtung sieht das angebliche Medikament verdächtig wie die Krankheit aus.

Es ist allzu einfach, die Hoffnungen anderer Menschen als nicht fest genug begründet und ihre Lösungen als zu wenig realistisch zu bezeichnen. Es ist viel schwieriger, seine eigenen Optionen auf Hoffnung und seine eigenen Lösungen vorzuschlagen, die gegen ähnliche Vorwürfe immun wären. Dies liegt nicht am Mangel an Fantasie oder gutem Willen, sondern daran, dass der gegenwärtige menschliche Zustand selbst von Ambivalenz durchzogen ist, und jede Diagnose scheint in zwei gegensätzliche Richtungen gleichzeitig zu weisen, auf Entwicklungen, deren Kompatibilität alles andere als offensichtlich ist.

Um es auf den Punkt zu bringen: Die Chance, dem gegenwärtigen Druck entgegenzuwirken, der darauf abzielt, das intime und das öffentliche Leben von ethischen Motiven und moralischen Bewertungen zu entleeren, beruht zugleich auf mehr Autonomie des *individuellen* moralischen Selbst wie auf einer stärkeren Teilung der *kollektiven* Verantwortung. Im Sinne des orthodoxen „Staat versus Individuum"-Dilemmas ist dies eindeutig ein Widerspruch, und dafür zu sein scheint wie ein Versuch der Quadratur des Kreises. Und doch, wenn sich aus unserer bisherigen Diskussion überhaupt irgendwelche Schlussfolgerungen ergeben, dann die, dass der Widerspruch „Staat – Individuum" ein scheinbarer ist und dass die weit verbreitete unkritische Akzeptanz dieser Vorstellung selbst ein Produkt der zu korrigierenden Tendenzen und des orthodoxen Denkens ist, das diesen folgt.

Wir haben gesehen, dass alle geplanten und erprobten künstlichen Surrogate für spontane moralische Impulse und individuelle Verantwortung für den Anderen gescheitert sind, oder schlimmer noch, dass sie die ethischen Absicherungen gegen die Gefahr schwächen, dass die menschliche Tendenz zu Kontrolle und Beherrschung in unmenschliche Grausamkeit und Unterdrückung ausartet. Wir können jetzt mit noch größerer Überzeugung die Worte von Max Frisch wiederholen, mit denen wir diese Diskussion eröffnet haben: Am Ende unseres langen modernen Marsches hin zu einer vernünftigen Gesellschaft werden wir, was die Bedingungen unseres Zusammenlebens betrifft, auf unsere alten Ressourcen eine Sinnes für Moral und Mitgefühl zurückgeworfen, die uns bei täglichen moralischen Entscheidungen leiten.

Für eine solche Anleitung haben wir keine unbestreitbaren und allgemein vereinbarten Codes und Regeln. Entscheidungen sind in der Tat Entscheidungen, und das bedeutet, dass jede bis zu einem gewissen Grad willkürlich ist und dass die Unsicherheit über ihre Angemessenheit wahrscheinlich noch lange nach der Entscheidung bestehen bleibt. Wir verstehen jetzt, dass Ungewissheit kein vorübergehendes Ärgernis ist, das durch das Erlernen von

Regeln, das Befolgen von Expertenratschlägen oder einfach das, was andere tun, verjagt werden kann. Sie ist vielmehr ein permanenter Zustand des Lebens.

Das moralische Leben ist ein Leben von ständiger Ungewissheit, und es erfordert viel Kraft und Belastbarkeit und die Fähigkeit, dem vielfältigen Druck standzuhalten, eine moralische Person zu sein. Die moralische Verantwortung ist *bedingungslos* und im Prinzip *unendlich* – und so kann man eine moralische Person an ihrer nie nachlassenden Unzufriedenheit mit der eigenen moralischen Leistung erkennen; dem nagenden Verdacht, dass sie nicht moralisch genug war.

Die *Polis* gibt ihren Mitgliedern die schwierige, aber notwendige Aufgabe, sich um die Pflege und Führung gemeinsamer Angelegenheiten zu kümmern, damit das gemeinsame Leben die Standards von Gerechtigkeit und Umsicht erfüllen kann. Eine solche Gesellschaft erfordert weder disziplinierte Subjekte noch befriedigungssüchtige Verbraucher sozialer Dienstleistungen, sondern eher hartnäckige und manchmal halsstarrige, aber immer verantwortungsbewusste Bürger. Verantwortungsbewusst zu sein bedeutet nicht, die Regeln einzuhalten. Oft müssen wir die Regeln missachten oder in einer Weise handeln, die von den Regeln nicht gedeckt ist. Nur in einem solchen Verantwortungsgefühl bilden die Bürger jene Grundlage, auf der eine menschliche Gemeinschaft aufgebaut werden kann, die einfallsreich und umsichtig genug ist, um die aktuellen Herausforderungen zu bewältigen.

Denkbar ... Und nicht mehr als das, denn es gibt keine Garantie dafür, dass eine solche Gemeinschaft tatsächlich aufgebaut wird, und keine narrensicheren Methoden, um das zu gewährleisten. Tatsächlich ist die einzige Garantie das unablässige Bemühen der Konstrukteure selbst. Helfen mag dabei das Bewusstsein für die intime Verbindung (nicht den Widerspruch!) zwischen autonomen, moralisch selbstgenügsamen und sich selbst verwaltenden (deshalb oft schwerfälligen und unbeholfenen) Bürgern und einer vollwertigen, selbstreflexiven und sich selbst korrigierenden politischen Gemeinschaft. Sie können nur zusammen kommen; keine ist ohne die andere denkbar.

Hannah Arendt, Vita activa oder Vom tätigen Leben, 1960

Zygmunt Bauman, Postmoderne Ethik, 1995

David Campbell & Michael Dillon, The Political Subject of Violence, 1993

Anthony Giddens, The Transformation of Intimacy: Sexuality, Love and Eroticism in Modern Societies, 1992

Ágnes Heller, Ist die Moderne lebensfähig? 1995

Thomas Hobbes, Leviathan (1651). Aus dem Englischen von Jutta Schlösser. Mit einer Einführung und hrsg. v. Hermann Klenner, Hamburg 1996 (das Zitat auf Seite 104)

Richard J. Mouw & Sander Griffioen, Pluralism and Horizons: An Essay in Christian Public Philosophy, 1993

Geoff Mulgan, Politics in an Antipolitical Age, 1994

Michael Schluter und David Lee, The R Factor, 1993

Judith Squires (Hg.), Principled Positions: Postmodernism and the Rediscovery of Value, 1993

Arne Johan Vetlesen, Perception, Empathy and Judgment: An Inquiry into the Preconditions of Moral Performance, 1994

Peter Wagner, Modernity: Understanding the Present, 2012

Tony Wright, British Politics: A Very Short Introduction, 2013